Zucchini

Tatiana Y. Silla

Mit Illustrationen von
Linda Wolfsgruber

mandelbaums *kleine gourmandisen*
Nº 34

www.mandelbaum.at
ISBN 978-3-85476-876-0

1. Auflage 2020
Lektorat: Margot Fischer
Satz und Umschlaggestaltung: Michael Baiculescu
Illustrationen: Linda Wolfsgruber
Druck: Interpress, Budapest

Über kaum eine Sache herrscht in der Welt so viel Einhelligkeit wie über die Attraktivität des Kürbisses
Max Goldt

Zucchini werden in der zeitgemäßen Küche sehr geschätzt. Das Spektrum ihrer Verwendung reicht von der Vorspeise bis zum Dessert. Das war lange Zeit nicht der Fall. Mit Ausnahme einiger kulinarischer Traditionen wie etwa der italienischen, die sie am meisten zu schätzen wusste, waren Zucchini auf einen Platz als Beilagengemüse verbannt; nicht wenige stempelten sie deshalb als langweilige, geschmacklose Zutat ab, der man nicht dieselbe Aufmerksamkeit schenkte wie etwa Melanzani oder Paprika.

Dabei ist zu bedenken, dass Zucchini die Märkte des Nordens und jene des deutschsprachigen Raums erst relativ spät, nämlich in den 1970er Jahren, eroberten.

Für mich war die kulinarische Begegnung mit dieser Vertreterin der Gattung der Kürbisgewächse gleichsam Liebe auf den ersten Bissen; eine Liebe, die sich für alle Alchemisten der Küche, die sich ihr verschrieben haben, auch zu einer veritablen Herausforderung auswachsen kann, wenn es darum geht, Skeptiker zu überzeugen, von diesem Gemüse zu kosten, indem sie sich die Vielseitigkeit der Zucchini für ihre Kreativität zunutze machen. Besagte Vielseitigkeit beruht ironischerweise auf ihrer viel kritisierten Eigenschaft, eben dem nicht besonders intensiven Geschmack, vergleichbar mit einer etwas schüchternen Person, die sich scheut, in Erscheinung zu treten. Die Zucchini kann sich, mit weiser Überlegung kombiniert, gerade wegen ihrer Neutralität, mit anderen Zutaten wie Gewürzen, Kräutern, Fleisch und Fisch aufs Innigste vermählt, zu einer geschmacklichen Explosion entwickeln. Auf diese Weise gelingt es ihr, selbst ein alltägliches Gericht in etwas Besonderes zu verwandeln.

Dieses Büchlein will nicht nur Skeptiker überzeugen, sondern auch Neugierigen interessante Entdeckungen bieten, Experten bereichern und denjenigen, die nach Ideen suchen, eine Reihe von einfachen, aber schmackhaften Rezepten bieten, die Freude in ihre Küche bringen und ihren Gaumen neue Genüsse bereiten.

ETYMOLOGIE

Im Deutschen leitet sich *Zucchini* direkt von der italienischen Pluralform des Nomens ab. Das Wort *zucchini* setzt sich aus *zucca* (Kürbis) und dem Plural der Verkleinerungsform *-ini* zusammen und bedeutet also wörtlich übersetzt »kleine Kürbisse«. *Zucca* bildete sich seinerseits durch Tilgung der Anfangssilbe und Lautumstellung aus dem süditalienischen *cocuzza*, das wiederum von Lateinisch *cucutĭa* kommt.

Im Italienischen existiert außer der männlichen Form *zucchino* (Plural *zucchini*) auch die weibliche Form *zucchina* (Plural *zucchine*). Beide Versionen sind gleichermaßen gebräuchlich und von regionalen Gepflogenheiten abhängig.

Im Deutschen ist das Nomen weiblich: Einzahl *die Zucchini*, seltener *der Zucchino*, meist wird aber nur die Pluralform verwendet. Die deutschschweizerische Bezeichnung *Zucchetto* bzw. *Zucchetti* (Plural) kommt auch aus dem Italienschen und bezeichnet ebenfalls den Diminutiv von *zucca*, es verändert sich nur die Verkleinerungsform *-etti*. In Australien und den USA, wohin die Pflanze von italienischen Migranten in den 1920er Jahren gebracht wurde, ist das Wort *zucchini* ein Singular, der im Plural zu *zucchinis* wird.

Eine andere in diversen Sprachen gebrauchte Bezeichnung ist *courgette*, der Diminutiv des französischen Nomens *courge*, Kürbis, das vom Lateinischen *cucurbita* stammt. Außer in Frankreich, Belgien und anderen fran-

zösischsprachigen Gebieten wird der Begriff in Holland, Singapur, Malaisia, Südafrika, England, Irland und Neuseeland gebraucht. Das Französische nahm Einfluss auf das Portugiesische *curgete*, während man in Brasilien den Namen italienischen Ursprungs verwendet. Im Castellano verwendet man das Wort *calabacín*, den Diminutiv von *calabaza* (Kürbis), ein Wort, dessen Ursprung nicht ganz klar ist und der von einigen auf das Griechische *kolokynza* (κολόκυνθα) zurückgeführt wird, von anderen auf das persische Wort für Melone: *kharbuz*. In verschiedenen Ländern Lateinamerikas nennt man die Zucchini *zapallito italiano*, vom Quechua-Wort *sapallo*, das den Kürbis bezeichnet. Zum Abschluss dieses kleinen Exkurses, der keinen Anspruch auf Vollständigkeit erhebt, sei erwähnt, dass in Rumänien, einem Schmelztiegel von Völkern und ihren Sprachen, die türkische Vokabel *devlek* zu *dovlecel* wurde.

BOTANIK

Die Zucchinipflanze gehört zur Familie der *Cucurbitaceae* (Kürbisgewächse), zur Gattung *Cucurbita* (Kürbisse) und der Unterart *Cucurbita pepo* (Gartenkürbis). Die Familie besteht aus 130 Arten mit circa 800 Unterarten, von denen es wiederum zahlreiche Züchtungen gibt. Der Gartenkürbis ist die formenreichste Art der Gattung, bei der mehrere Unterarten, sowie mehrere Sorten-Gruppen unterschieden werden.

Die Familie, zu der neben Zucchini und Kürbissen auch die Gurken, die Wassermelone und die Melonen zählen, verdankt ihren Namen dem Lateinischen *cucurbita*, Kürbis, das seine Wurzel im Sanskrit-Wort *corb* hat, was soviel wie sich winden bedeutet und auf die gemeinsame Charakteristik dieser Pflanzen hinweist, nämlich

auf kriechende oder kletternde Stängel, mit in den Achseln der Blätter entspringenden verzweigten Ranken.

Die Zucchinipflanze wird einjährig kultiviert, ihre Stängel sind haarig, die Blätter alternierend und handförmig gelappt. Sie reagiert sehr sensibel auf zu geringe Temperatur, was ein Grund dafür ist, dass ihre geographische Verbreitung und ihr Anbau begrenzt sind. Sowohl Zucchini- als auch Kürbispflanzen sind einhäusig, das bedeutet, dass sich weibliche und männliche Blüten an derselben Pflanze befinden. Letztere wachsen an längeren und dünneren Stängeln, während sich unter den kurzgestielten weiblichen Blüten die Fruchtknoten befinden, aus denen sich die Frucht, entwickelt. Die Früchte, die wissenschaftlich als Panzerbeeren bezeichnet werden, haben im Unterschied zu anderen Kürbisgewächsen keine harte Schale und ein festes Fruchtfleisch mit zahlreichen Samen; je nach Züchtung variieren sie in Form, Größe und Farbe.

Unter botanischen Gesichtspunkten werden Zucchini, wie Kürbis- und auch Nachtschattengewächse, als unreif geerntete Früchte, oder genauer als Beeren betrachtet, weil sie aus befruchteten Blüten hervorgehen. Da die Pflanze nur einjährig kultiviert wird und die Lebensmitteldefinition sich auf den Vegetationszyklus der Pflanzen bezieht, zählen Zucchini zum Gemüse. Außerdem verbindet sich der Begriff »Frucht« im allgemeinen Sprachgebrauch mit der Vorstellung von süßem Obst – ein weiterer Grund, warum Zucchini gemeinhin als Gemüse betrachtet werden. Wissenschaftler haben deshalb für essbare Pflanzenteile, die aufgrund unterschiedlicher Definitionen einerseits dem Gemüse und andererseits dem Obst zugeordnet sind, den Terminus »Fruchtgemüse« geschaffen.

Die Zucchini ist eine Kulturpflanze und dabei eine relativ junge Zuchtform von *Cucurbita pepo*. Sie ist das Ergebnis zufälliger und planmäßiger Auswahl über

einen langen Zeitraum hinweg. In Italien wird sie seit der ersten Hälfte des 19. Jahrhunderts kultiviert. Um den Weg von Kultivierung und Konsum dieser Pflanze nachzuvollziehen und die damit verbundenen historisch-etymologisch-botanischen Fragestellungen zu klären, ist es nötig, weit in der Geschichte zurückzugehen, um bei ihrer nächsten Anverwandten und Vorfahrin zu beginnen: der *Cucurbita pepo*.

URSPRUNG UND GESCHICHTE

Die wilden Vorfahren vieler Kürbisarten finden sich in Zentral- und Südamerika. Eine der ersten von Einheimischen kultivierten und gezüchteten Arten der Gattung *Cucurbita* – die ältesten archeologischen Funde sind 8.000 bis 10.000 Jahre alt und stammen aus dem Süden Mexikos – war, dank ihrer Anpassungsfähigkeit an kühlere Zonen und Höhenlagen, die *Cucurbita pepo*. Von dort sollte sie sich in Mittel- und Nordamerika ausbreiten. Ihre Samen, die durch eine der Reisen des Christoph Columbus nach Europa gelangten, fanden, besonders in Italien, Spanien und Frankreich, schnell einen angemessenen Platz in den Gärten und ihre Früchte auf den Tellern – im Unterschied zu anderen essbaren Pflanzen, wie etwa der Kartoffel, die sich in Europa lange nicht als Nahrungsmittel durchsetzen und in die kulinarische Tradition integrieren konnte. Ein solcher Erfolg im Vergleich zu anderen bis dahin völlig unbekannten Produkten ist vielleicht dem Umstand zuzuschreiben, dass es in Europa bereits Kürbispflanzen gab, deren Früchte ähnliche Charakteristiken aufwiesen und die, wenn nicht zur selben Gattung, so doch zur selben Familie gehörten. *Lagenaria siceraria*, die ihren Ursprung in Afrika – oder nach Meinung einiger in Indien – hatte, war im Mittelmeerraum verbreitet und bei den antiken Römern, Griechen und Ägyptern gut bekannt. Die

jungen Früchte wurden zur Bereitung von Speisen verwendet. Die reifen Exemplare trocknete man und verwendete sie als Musikinstrumente oder als Gefäße für Flüssigkeiten, da die Schale hart und undurchlässig ist, woraus sich auch der Name Flaschenkürbis erklärt.

Die Ankunft der *zucche* (Kürbisse) aus Amerika sorgte, da das Wort *zucca*, das bereits für die Flaschenkürbisse existierte und sich nun auch auf die neue Art erstreckte, im Lauf der Jahrhunderte für viele Zweideutigkeiten und Verwechslungen. Das erschwert es jenen, die heutzutage die Entwicklung der Sorten studieren, zu verstehen, um welchen Typ von Kürbis es sich handelt, da entsprechende Beschreibungen meist fehlen. Die ersten historischen Bilder von Kürbissen gehen auf die ersten Jahrzehnte des 16. Jahrhunderts zurück. Einer der ersten, die diese Pflanzen bildlich darstellten, war Raffael, der seinen Mitarbeiter Giovanni da Udine anhielt, sie in der Villa Farnesina in Rom, dem heutigen Sitz der französischen Botschaft, abzubilden. Mitte des 16. Jahrhunderts erschien die *zucca americana* in ihren zahlreichen Varietäten immer häufiger auf Bildern, deren Darstellung Märkte oder Stillleben zum Inhalt hatte.

Zwischen der zweiten Hälfte des 16. und dem 17. Jahrhundert sind für Europa fünf Gruppen von *Cucurbita pepo* belegt, unter ihnen die Gruppe *Cocozelle*. Eines der wichtigsten Werke über die Kreuzung der Sorten ist der mit 364 Illustrationen ausgestattete *L'Essai sur l'Historire Naturelle des Courges* von Antoine Nicolas Duchesne (1747–1827), ein Werk, in dem die direkten Erfahrungen des begeisterten Botanikers gesammelt sind. Die Zeichnungen stellen Früchte von gut 93 Sorten von *C. Pepo* dar, darunter viele Kürbisse und die fünf Gruppen essbarer Sorten, aber es kommen keine Zucchini vor. Verschiedene kulinarische Texte vertreten die These, dass in Italien die Früchte von *Cucurbita* bereits ab Mit-

te des 16. Jahrhunderts gastronomisch geschätzt waren, doch erst von der Mitte des 17. Jahrhunderts an verbreitet sich die kulinarische Verwendung junger, länglicher Früchte von *C. Pepo*, besonders die der Gruppe *Cocuzelle*, die nach und nach die Flaschenkürbisse ersetzten. Die italienischen Gärtner selektierten wahrscheinlich, sobald sie die Möglichkeit dazu hatten, die schmackhaftesten Varianten unter den länglichen Früchten, mit möglichst großem eßbarem Anteil. Jene waren das Ergebnis vielfacher spontaner Kreuzungen zwischen *C. Pepo* aus unterschiedlichen geographischen Regionen. Diese Selektion begann im 16. und hatte ihren Höhepunkt im 19. Jahrhundert. Es entstanden dadurch einige Zucchinisorten, die auch heute bekannt sind.

Viel jüngeren Datums als diese Versuche, die zur Kreation der Gruppe Zucchini innerhalb von *Cucurbita pepo* geführt haben, ist das Wort selbst. Der erste Bezug darauf geht auf das Jahr 1809 zurück und findet sich in der Bezeichnung *zucchini da tabacco* (Tabakszucchini) im *Dizionario botanico italiano* von Ottaviano Targioni Tozzetti, wobei jedoch ausschließlich auf Flaschenkürbisse Bezug genommen wird. Das Wort bezeichnet also ursprünglich eine kleine, trockene *zucca* der *Lagenaria siceraria*, die als Tabaksdose diente. Mitte des 19. Jahrhunderts ging man dazu über, mit demselben Wort die Früchte von *Cucurbita pepo* zu bezeichnen und man stößt auch in den Kochbüchern darauf, unter denen das erste *Il cuoco italiano moderno* (Der moderne italienische Koch) der Brüder Vignozzi 1844 in Livorno erschien. Das Wort stammt also wahrscheinlich aus der Toscana und verbreitete sich danach auch in der femininen Form *zucchine* in ganz Italien, wo es die anderen dialektalen Bezeichnungen ersetzte, die in verschiedenen Regionen für verschiedene Varietäten und Arten der kleinen länglichen oder runden sommerlichen Früchte Verwen-

dung fanden, um letztlich ausschließlich die eigentlichen Zucchini als solche zu benennen. Davon zeugt nicht zuletzt Pellegrino Artusi, der für die italienische Küche Maßstäbe setzte. Der in der Romagna geborene Wahltoskaner empfiehlt in *Die Wissenschaft des Kochens und die Kunst des Genießens* den Gebrauch von kleinen, länglichen Zucchini.

Was ihren Ursprung betrifft, so finden sich verschiedene detailreiche Beschreibungen der Festigkeit der Pflanze, ihrer Produktivität und der Form ihrer Frucht in Büchern über Botanik und in Saatgutkatalogen, welche u.a. die Varietät *quarantina vera nana* nennen (das Wort *quarantina* bedeutet »an die 40«, wobei sich die 40 auf die Anzahl der Tage von der Aussaat bis zur Ernte bezieht). Der Umstand, dass der Name der Varietäten *nano verde di Milano* und *nero di Milano* auf die Stadt Mailand verweist, ließ einige Wissenschafter einen lombardischen Ursprung in der Umgebung Mailands um die Mitte des 20. Jahrhunderts annehmen. Der Beweis, dass sich die Varietät *nano di Milano* gut etabliert hat, wird von den Brüdern Ingegnoli, Besitzern eines bekannten Pflanzencenters in Mailand, erbracht, die 1895 das Buch *Come si cucinano i legumi* (Wie man Gemüse kocht) drucken ließen und in dem erstmals nicht nur der Gebrauch von Zucchini empfohlen, sondern auch auf ihre Varietäten eingegangen wird.

ZUCCHINI AUF DEM BALKON SELBST ZÜCHTEN

Zuchini lassen sich sehr gut im Topf ziehen. Da es sich um ein kälteempfindliches Gemüse handelt, brauchen sie einen luftigen und sonnigen Platz mit direktem Sonnenlicht für mindestens 3–4 Stunden täglich.

Um die eigenen Zucchini zu ziehen ist die Wahl der geeigneten Sorte von fundamentaler Bedeutung. Zu den Sorten, die sich sehr gut für die Kultivierung im

Topf eignen, gehört beispielsweise *Mini-Zucchini »Piccolo« F1*, die kleine, runde Früchte hervorbringt, die sowohl roh als auch gefüllt hervorragend sind, oder auch die Sorte *Floridor F1* mit runden, gelben Früchten. Eine andere geeignete Varietät, die sich durch ihr schmackhaftes Fruchtfleisch und ihre extrem dünne Schale auszeichnet, ist *Gold Rush*, die herrliche, gelbe Früchte liefert. Zwei Varietäten von zylindrischer Form sind deshalb interessant, weil sie ohne Befruchtung Früchte ausbilden, was eine sichere Fruchtbildung bedeutet. Es sind dies *Kimber F1* und *Partenon F1*. Falls man vertikalen Raum nutzen will, so kann man auf kletternde Sorten wie *Black Forrest F1* zurückgreifen. Je nach Klima, am besten zwischen April und Mai, wenn kein Frost mehr herrscht, können die gekauften, oder zu Hause gekeimten Pflanzen jeweils in Töpfe mit einem Durchmesser von mindestens 45 Zentimetern und ausreichender Tiefe für die Wurzeln gepflanzt werden. Es empfiehlt sich, auf den Boden des Topfes Kiesel oder Blähton zu geben, sodass das Wasser gut ablaufen kann und keine Wurzelfäule entsteht. Darauf gibt man am besten eine mit organischem Kompost angereicherte Pflanzenerde. In der heißesten Zeit wird zweimal täglich gegossen, am besten morgens und abends, wobei die Blätter nicht nass werden sollten. Zwischen Juni und Oktober ist Erntezeit, aber zur Entwicklung von Früchten bedarf es – von den Spezialsorten abgesehen – der Bestäubung der weiblichen Blüten durch Insekten. Falls dies durch ungünstige Witterung unterbleibt, kann man dies händisch tun, indem man etwa mit einem feinen Pinsel über die männlichen Staubgefäße streicht und die Pollen so auf die weiblichen Blüten überträgt.

NÄHRWERTE UND GESUNDHEITLICHE ASPEKTE

Zucchini bestehen zu 90% aus Wasser und haben einen sehr niedrigen Kaloriengehalt (12 kcal pro 100 Gramm). Dennoch sind sie sehr sättigend und eignen sich daher ganz besonders für energiearme Diäten. Unter den enthaltenen Mineralsalzen findet sich ein beachtlicher Anteil an Kalium, das den Blutdruck reguliert, aber auch Kalzium, Eisen und Phosphor. Der Anteil an Kohlenhydraten und Proteinen ist sehr gering. Zucchini enthalten eine Reihe von Vitaminen wie C, E, B1, B2, Folsäure und Carotinoide. Ihr harntreibender Effekt wirkt Wassersucht und Infektionen sowie Entzündungen der Harnwege entgegen. Dank ihrer Konsistenz und leichten Verdaulichkeit werden sie als Babynahrung, für ältere Personen und für Menschen mit Verdauungsproblemen empfohlen; in der Abstillphase eignen sie sich sehr gut als Zutat und zur Gewöhnung an eine neue Kost. Sie helfen gut gegen Verstopfung, ohne jedoch lästige Darmirritationen hervorzurufen; nach schweren Durchfallerkrankungen helfen sie umgekehrt, den Verlust an Flüssigkeit und Mineralsalzen auszugleichen. Darüberhinaus wird Zucchini eine leichte beruhigende Wirkung zugeschrieben, sodass man sie in der Volksmedizin als Mittel zur Entspannung und zur Förderung des Schlafs verschrieb. Enthaltene Antioxidantien wie die Vitamine, C, E und A wirken den gefürchteten freien Radikalen und somit dem Alterungsprozess entgegen.

Zucchini haben keine ungünstigen Nebenwirkungen oder Kontraindikationen, abgesehen von individuellen Allergien oder Intoleranzen. Nur in einem – glücklicherweise sehr selten auftretenden – Fall ist äußerste Achtsamkeit geboten, nämlich dann, wenn man einen bitteren Beigeschmack bemerkt. Dieser wird durch Cucurbitacine verursacht, einer äußerst giftigen Gruppe von Wirkstoffen, die in verschiedensten

Kürbisgewächsen enthalten sein können. Cucurbitacine zerstören die Schleimhaut im Magen-Darm-Trakt und können bei schwerer Vergiftung sogar tödlich sein. Der stark bittere Geschmack sollte allerdings den Verzehr verhindern und bei heutigen Sorten sind diese Substanzen ohnehin herausgezüchtet. Gibt es allerdings Zierkürbisse in der Nähe, oder hat man die Pflanzen selbst aus Samen gezogen, kann es vorkommen, dass sich die problematischen Bitterstoffe einkreuzen.

Zu guter Letzt sind Zucchini ein Bestandteil, der in keiner hausgemachten Naturkosmetik fehlen darf. Sie sind ein hervorragendes Mittel gegen Augenringe und Tränensäcke, wobei man sich einige – am besten gekühlte – Zucchinischeiben circa 15 Minuten auf die Partie unter den Augen legt. Zusammen mit Honig, Joghurt, Mandelöl und anderen Ingredienzen kann man hervorragende Gesichtsmasken herstellen.

ZUCCHINI IN DER KÜCHE: EINKAUF UND KONSERVIERUNG

Obwohl sie normalerweise ein sommerliches Saisongemüse sind, kann man Zucchini mittlerweile das ganze Jahr über erhalten, wobei sie in ihrer natürlichen Wachstumsperiode schmackhafter sind und man auf den Märkten ein Angebot verschiedener Sorten findet.

Beim Kauf ist darauf zu achten, dass die Früchte fest sind und die Schale unverletzt, ohne Druckstellen, glänzend, glatt und von homogener Farbe. Kleine, oder solche von mittlerer Größe sind schmackhafter und haben weniger Samen. Was die Aufbewahrung betrifft, so gilt das, was generell für Gemüse gilt: sie sollen an einem kühlem, nicht zu hellem Ort gelagert werden, der wenig Feuchtigkeit aufweist. Im Gemüsefach des Kühlschranks halten sie sich etwa eine Woche. Hat man einmal zuviel gekauft oder geerntet, so kann man sie einfrieren, wobei es jedoch besser ist, sie erst zu kochen oder zu grillen und

auf einem Tablett einzufrieren, um sie anschließend in Säckchen zu portionieren. Es gibt aber auch andere Konservierungsmethoden, die man von alters her verwendete und die noch heute in Gebrauch sind. Die erste sieht die Verwendung von Konservierungsmitteln wie Öl oder Essig vor (siehe Seite 50); bei der zweiten handelt es sich um Trocknung, die an der Sonne oder im Ofen (bei sehr niedriger Temperatur und mit halb geöffneter Backofentür) erfolgen kann – und selbstverständlich auch mittels eines speziellen Trockengeräts, wodurch man die beste Qualität erzielt.

ZUCCHINISORTEN

Mit ihren unterschiedlichen Formen und Farben bringen Zucchini Farbe ins Sortiment und in die Küche. Die reichste Auswahl an Sorten findet man vor allem in Italien, Spanien und Frankreich, den größten Exporteuren und gleichzeitig Konsumenten in Europa. Inzwischen kann man aber zum Glück auch in anderen Ländern ein großes Angebot finden. Die derzeit handelsüblichen Sorten sind zahlreich und werden der Einfachheit halber nach Form und Farbe in verschiedene Gruppen eingeteilt.

LANGE ZUCCHINI

Diese sind in Europa am meisten verbreitet und haben ein zylindrisches oder birnenförmiges Aussehen. Meist sind sie dunkel- oder auch hellgrün, aber es gibt auch gelbe, weißliche, gestreifte und zweifarbige. Helle Zucchini sind im Allgemeinen kompakter und enthalten weniger Flüssigkeit, aber sie sind weniger kälteresistent. Die gelben sind nach Meinung vieler Fans die feinsten und schmackhaftesten.

Hier eine kleine Auswahl, was diese Gruppe betrifft:

Nero di Milano, dank der Konsistenz des Fruchtfleischs vielseitig verwendbar.

Black Beauty, eine unkomplizierte und sehr verbreitete Sorte mit feinem Geschmack.

Diamant F1, eine etwas hellere, sehr ertragreiche Sorte, die gekocht wie roh sehr gut ist.

Lungo Fiorentino, eine frühreife Sorte aus der Toskana mit hellgrünen Früchten. Das kompakte Fleisch hat einen angenehmen Geschmack und läßt sich sehr vielseitig verwenden.

Romanesco, eine alte italienische Sorte mit gerippten, gelb-grün gefärbten Früchten von ausgezeichnetem, süßlichem Geschmack. Dank ihrer Rippen erhält man eine hübsche Form, wenn man sie in Scheiben schneidet. Die Blüten dieser Sorte sind größer als üblich und eignen sich deshalb besonders gut zum Frittieren und Füllen.

Gold Rush F1, mit zarten Früchten in Goldgelb ist diese Sorte perfekt für Vellutate und Risotti, eignet sich aber auch gut für Salate, zum Füllen, als Schmorgemüse oder zum Garnieren von Speisen.

RUNDE ZUCCHINI

Zu dieser Gruppe zählen runde Zucchini diverser Größen mit hellgrüner oder dunkelgelber Farbe. Man verwendet sie häufig zum Füllen, aber dank ihrer Konsistenz sind sie auch hervorragend in Scheiben geschnitten und gegrillt oder frittiert. Erwähnt seien hier:

Tondo di Toscana, eine vielseitige grüne Sorte, die sich für den Rohverzehr, für Pfannengerichte oder zum Füllen eignet.

Ronde de Nice, eine Sorte aus Frankreich, hellgrün und mit Früchten von der Größe eines Tennisballs. Sie sind ideal zum Befüllen, eignen sich aber auch roh für

Salate und schmecken gedünstet, gegrillt und in der Pfanne kurz gebraten.

Lemon, vielfältig und mit feinem Geschmack. Die Sorte erinnert durch Farbe und Form an Zitronen. Hervorragend für Suppen und Risotti oder auch roh.

Floridor F1, lässt sich sehr gut im Kübel anbauen. Die Pflanze hat leuchtend-gelbe, runde Früchte, die sich hervorragend zum Füllen eignen.

Es gibt noch eine dritte Gruppe, die der anderen Sommerkürbisse, die hier jedoch nicht behandelt wird, da ich mich in diesem Buch nur auf die eigentlichen Zucchini fokussieren wollte. In einigen Büchern und kulinarischen Traditionen werden die unreif geernteten Sommerfrüchte einer Pflanze des Gartenkürbisses (*Cocurbita pepo*), sei es aufgrund äußerer Ähnlichkeit, sei es aufgrund des Geschmacks oder weil die Früchte unreif und im Sommer geerntet werden, als Zucchini betrachtet, wie auch einige Früchte der Unterarten *ovifera* oder derselben Unterart *pepo*, wobei es sich jedoch um eine andere Sortengruppe handelt. Unter diesen »falschen Zucchini« sind die französischen Patissonkürbisse, die wegen ihres Aussehens auch *Fliegende Untertassen*, *Ufos*, *Bischofs- oder Kaisermütze* genannt werden, sicherlich die bekanntesten. Die kleinen Kürbisse sind grün, gelb, orange, weiß oder bunt, haben einen Geschmack, der an Artischocken und Topinambur erinnert und eignen sich perfekt für Suppen. Zur selben Unterart gehören auch der Drehhalskürbis (Crookneck-Kürbis), bei dem das Ende immer gebogen wächst ähnlich dem Hals eines Schwans.

Die jungen Früchte sind zart und schmackhaft, die

Farbe variiert zwischen Gelb und Gelb-orange. Zuletzt will ich die alte Sorte *Trombetta di Albenga* erwähnen, die botanisch zu den Moschuskürbissen gehört und fast ausschließlich in Ligurien, im Piemont und an der Côte d'Azur angebaut wird. Die Früchte erinnern ItalienerInnen an Trompeten, Deutsche an Keulen, weswegen sie sie Keulenkürbisse nennen. Sind grün und schlank und werden wie Zucchini geerntet und verarbeitet. Sie eignen sich roh, als Beilage, zu Pasta, für Suppen, zum Braten, Grillen, Frittieren, Dünsten, für Kuchen und Marmeladen.

ZUBEREITUNG UND KOMBINATIONEN

Beim Kauf von Zucchini sollte man möglichst solche aus biologischem Anbau wählen und sie mit der Schale verzehren, welche Ballaststoffe enthält und dem Gemüse seine Konsistenz gibt.

Vor der Zubereitung werden sie unter fließendem Wasser gewaschen und die Enden gekappt, um sie anschließend, je nach Rezept, zu schneiden oder zu raspeln. Man kann sie im Ganzen dämpfen; sie zum Braten oder Frittieren in Würfel oder Scheiben schneiden; sie dünn der Länge nach aufschneiden, um sie zu grillen oder für Rouladen; man kann sie in Julienne für Rohkostgerichte schneiden; oder sie halbieren und mit dem Löffel bzw. einem geeigneten Utensil aushöhlen, um sie zu füllen.

Für Zubereitungsarten, bei denen ihr hoher Flüssigkeitsgehalt die Konsistenz beeinträchtigen könnte, werden sie nach dem Schneiden in ein Sieb gelegt, leicht gesalzen und mindestens 30 Minuten abtropfen gelassen, um sie anschließend zu spülen, zwischen Tüchern zu trocknen und leicht auszudrücken.

Gesund und vielseitig kann man sie auf vielerlei Art genießen und ihr delikater Geschmack erlaubt es, sie mit vielen Zutaten zu kombinieren, um Gerichte von der Vorspeise bis zum Dessert zu kreieren.

Es gibt eine Reihe von Kräutern, die gut zu Zucchini passen – ganz besonders Minze, mit ihrem frischen, angenehmen Geschmack, aber auch Petersilie, Basilikum, Thymian, Oregano und Bergminze. Um Zucchini-Gerichten eine exotische Note zu verleihen, empfehlen sich Curry, Curcuma, Ingwer und Koriander. Knoblauch ist eine klassische Zutat, die sich in vielen Zubereitungen findet, aber auch Zwiebeln oder Schalotten kommen, besonders für Risotto-Gerichte oder für Sugos und zu Pasta, in Betracht.

Zucchini werden häufig mit anderen Gemüsen wie Paprika, Melanzani und Tomaten kombiniert – man denke etwa an die *Ratatouille* – aber auch mit Artischocken, Kartoffeln, Fisolen, Pilzen und Hülsenfrüchten – vor allem Erbsen. Für die Zubereitung von kalten und warmen Hauptgerichten verwendet man sie zusammen mit Kohlenhydratträgern wie Reis, Gerste, Dinkel und Cous-Cous. Weiters passen sie perfekt zu Eiern, Omelettes, als Füllung für herzhafte Kuchen, Pizzas sowie zu den verschiedensten Käsesorten, sei es als Zutat oder Beilage. Sie passen sehr gut zu Gerichten mit Fleisch oder Fisch und werden zu einem hervorragenden Hauptgericht, wenn man sie halbiert und mit Gemüsen, Faschiertem (Hackfleisch), Thunfisch, Reis, Dinkel oder Cous-Cous füllt. In den letzten Jahren werden sie zunehmend an der Stelle von Karotten roh geraspelt und erobern in Verbindung mit Schokolade, Mandeln, und Haselnüssen auch die Welt der Mehlspeisen, indem sie Torten, Muffins oder Keksen eine weiche, lockere Konsistenz verleihen.

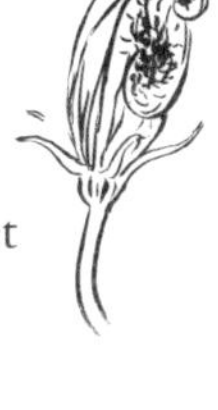

Neben den Früchten sind bei der Zucchini, wie bei Kürbissen, auch die Blüten essbar, die auf diverse Arten zubereitet werden können. Die Blüten müssen beim Kauf ganz frisch sein und sobald wie

möglich zubereitet werden. Falls man die Wahl hat, empfiehlt sich der Kauf männlicher Blüten mit weniger fragilem Stiel. Sie halten sich einige Tage, stellt man die Stängel ins Wasser oder gibt man sie in Küchenpapier gewickelt in den Kühlschrank, wobei man vermeiden sollte, sie zu drücken oder mit den Wänden des Kühlschranks in Berührung zu bringen. Die weiblichen Blüten halten sich im Kühlschrank, falls man sie nicht vom Fruchtknoten trennt, 1–2 Tage. Um sie nicht zu verletzen, werden sie erst unmittelbar vor dem Verzehr vom Stängel bzw. Fruchtkörper genommen. Bevor man sie füllt oder auf andere Weise verwendet, werden sie gesäubert und der Stempel, welcher bitter ist, entfernt. Da sie unterm Wasserstrahl leicht ihre Konsistenz verlieren oder einreißen können, empfiehlt es sich, sie vorsichtig mit einem feuchten Tuch zu säubern. Falls sie sehr erdig sind, kann man sie mit einem sehr feinen Wasserstrahl waschen und anschließend auf Küchenkrepp trocknen lassen. Die seitlichen Auswüchse an der Blütenbasis entfernen, den Stiel kürzen oder abschneiden, die Blüten vorsichtig mit den Fingern öffnen und den Stempel mit einem Messer oder den Fingern entnehmen.

Hat sich der Gebrauch der Blüten inzwischen hinreichend eingebürgert, so wissen vielleicht nicht alle, dass diese Pflanze noch ein schmackhaftes Geheimnis für uns bereit hält, nämlich ihre Triebspitzen. Ihre Verwendung in der Küche, die ihren Ursprung in der bäuerlichen Küche einiger süditalienischer Regionen hat, geht auf die sogenannte »Überlebensküche« zurück, als die Menschen in Zeiten der Not versuchten, noch den letzten essbaren Teil der Pflanze zu nutzen. Die Triebspitzen

mit den jungen Blättern, Stielen und kleinen Früchten werden in vielen Regionen Italiens verwendet, doch die raffiniertesten Rezepte stammen aus Sizilien, der Basilicata, Apulien, Campanien und Lazio. In Sizilien werden traditionell Schlangenkürbisse, auch Herkuleskeule oder Kalebasse gennant, verwendet, die zur Sorte *Lagenaria* gehören, von hellgrüner Farbe sind und bis zu einem Meter Länge erreichen können. In anderen süditalienischen Regionen werden noch andere Sorten verwendet, aber häufig bereitet man diese Speise auch aus der Zucchinipflanze. Eine kleine Kuriosität am Rande ist der Umstand, dass die Pflanzen in Rom und ganz Lazio *grattaculi* (Hinternkratzer) genannt werden. Dies wirkt zugegebenermaßen etwas vulgär, vermittelt aber einen Eindruck davon, dass die Ernte dieser haarigen, bei der Berührung rauhen und mitunter Juckreiz verursachenden Pflanzenteile nicht unbedingt angenehm ist. Nachdem die Pflanzen gekocht sind, kann man sie entweder als Beilage verwenden, die man in Öl mit Knoblauch und ein paar Tomaten kurz anbrät, aber auch als Hauptzutat für sommerliche Gemüsesuppen und als Zutat zu Pastagerichten, besonders zu Orecchiette (siehe Seite 28) aber auch in Omelettes und als Fülle für herzhafte Kuchen.

REZEPTE

Wenn nicht anders angegeben, sind die Rezepte für 4 Personen vorgesehen.

VORSPEISEN

Gefüllte Zucchini mit Fleisch

4 große, runde Zucchini • 1 kleine Schalotte • 2–3 EL natives Olivenöl • 1 Ei • 150 g Faschiertes (Hackfleisch) vom Rind oder gemischt • 3 EL Parmesan • 2–3 EL Semmelbrösel • Thymian und Majoran • Salz und Pfeffer

Zucchini waschen, den oberen Teil abtrennen und die Zucchini mit einem Teelöffel vorsichtig aushöhlen, das Fruchtfleisch in Stücke schneiden und mit der fein geschnittenen Schalotte in Öl etwa 10 Minuten braten. Das Ei in einer Schüssel verquirlen und das Fleisch, das abgekühlte Fruchtfleisch der Zucchini, den geriebenen Käse, die Semmelbrösel, den gehackten Thymian sowie Majoran, Salz und Pfeffer dazugeben und mischen. Die ausgehöhlten Zucchini mit der Mischung füllen und im auf 180 °C vorgeheizten Backofen auf einem mit Backpapier ausgelegten Blech 20 Minuten samt dem ebenfalls auf das Blech gelegten, oberen Teil der Zucchini backen. Den oberen Teil zum Servieren als Deckel aufsetzen.

»Pizza« aus Brot mit Zucchini in der Pfannne

Ein einfaches und schnelles Gericht, für das man übriggebliebenes Brot verwenden kann, das sich im Haushalt oft genug ansammelt. Eine preiswerte und trotzdem schmackhafte Speise, die man im Ofen mit Tomaten, Mozzarella und Basilikum in der klassischen Version »Margherita« oder, in diesem Fall, in bianco mit Zucchini und Käse in der Pfanne bereiten kann. Es eignet sich als vegetarisches Hauptgericht, Kinderjause oder Aperitif.

Für 2 Personen: 300 g altbackenes Brot • Salz und Pfeffer • 5 EL natives Olivenöl • 1 Ei • 60 g Parmesan • etwa 250 ml Wasser • 2 mittelgroße Zucchini • 150 g würfelig geschnittener Scamorza oder Emmentaler

Das alte Brot würfelig schneiden und in eine Schüssel geben. Salz, Pfeffer, 2 EL Öl, das verquirlte Ei und 40 g Parmesan zugeben. Mit einem Holzkochlöffel unter allmählicher Zugabe des lauwarmen Wassers verrühren. Mit den Händen zu einem kompakten, nicht zu nassen Teig verarbeiten. Die Wassermenge hängt vom verwendeten Brottyp ab. 10 Minuten rasten lassen.

Zucchini waschen und grob reiben. In einer Pfanne 2 EL Öl erhitzen, die geriebenen Zucchini zugeben, mit Salz abschmecken und bei lebhafter Flamme an die 10 Minuten braten. In eine zweite, beschichtete Pfanne 1 EL Öl geben. Wenn es heiß genug ist, das Brot einfüllen, wobei man darauf achten soll, dass die Oberfläche möglichst eben und kompakt ist; 10 Minuten mit Deckel braten, dann mit Hilfe eines Tellers wenden und auf der anderen Seite braten. Die Zucchini, den Käse, den übrigen Parmesan und Pfeffer daraufgeben, mit einem Deckel zudecken und weiterbraten, bis der Käse schmilzt.

Tzatziki mit Zucchini

Zucchini eignen sich wegen ihres Geschmacks und ihrer Konsistenz gut als Ersatz für Salatgurken, Hauptbestandteil in jenem klassischen griechischen Gericht, auf das hier zurückgegriffen wird. Es ist nicht nur eine tolle Vorspeise, sondern passt auch zu gegrilltem Fleisch.

2 mittelgroße Zucchini • Salz • 500 g griechisches Joghurt • 1–2 Zehen Knoblauch • 1 EL Apfelessig • 2 EL natives Olivenöl • 5–6 Minzeblättchen • etwas Dille

Zucchini waschen, von den Enden befreien, grob reiben, mit etwas Salz bestreuen und in einem Sieb mit einem Gewicht beschweren (z.B. mit einem Teller, auf den man eine Dose stellt). Nach einer Stunde die Gewichte entfernen und die Zucchini mit dem Rücken eines Löffels ausdrücken, um noch mehr Flüssigkeit zu entfernen. Das Joghurt, den zerdrückten oder gehackten Knoblauch, den Essig, das Öl, die Minze und die gehackte Dille in eine Schüssel geben. Alle Zutaten gut vermischen. Mit Brot und griechischen Oliven servieren.

Zucchini mit Tonnatosauce

Vitello Tonnato ist ein piemontesisches Rezept und entstand wahrscheinlich im Cuneese zu Beginn des 18. Jahrhunderts. Damals wurde es aus lange gesottenen Kalbfleischresten hergestellt, und mit einer schmackhaften und Appetit anregenden Sauce serviert, in der ursprünglich möglicherweise kein Thunfisch vorkam, sondern nur Sardellenfilet. Diese Sauce passt sehr gut zu gegrillten Zucchini. Ein Versuch lohnt sich!

750 g Zucchini • 3–4 EL natives Olivenöl • Salz • 200 g Thunfisch, in Olivenöl eingelegt • 3 Sardellenfilets, in Olivenöl eingelegt • 3 hartgekochte Eier • 1 EL Kapern in Essig • Saft einer halben Zitrone • etwas Gemüsefond oder Wasser

Zucchini putzen, der Länge nach in circa 5 Millimeter dicke Scheiben schneiden und von beiden Seiten mit Olivenöl bepinseln. Eine Grillpfanne mit etwas Öl erhitzen und die Zucchini im heißen Öl einige Minuten auf beiden Seiten anbraten. Die jeweils fertigen auf einen Servierteller legen und salzen. In einer Schüssel mit dem Mixer oder Minipimer den abgetropften Thunfisch, die Sardellenfilets, die grob gehackten Eier, die Kapern, den Zitronensaft und eine Prise Salz mixen. Bei Bedarf etwas Gemüsefond zugeben um die Sauce zu verdünnen, sodass sie glatt und cremig ist. Wenn die Zucchini abgekühlt sind, mit der Sauce anrichten und servieren.

Frittierte Zucchiniblüten

Gefüllte Zucchiniblüten sind die ideale Vorspeise für ein stilvolles Abendessen.

180 g Pecorino Toscano oder Romano • 8 Sardellenfilets • 16 Zucchiniblüten • 2 Eier • Salz und Pfeffer • 100 g Semmelbrösel • Erdnussöl zum Frittieren

Pecorino in kleine Würfel schneiden und Sardellenfilets halbieren. Blüten vorsichtig öffnen, je ein halbes Sardellenfilet und einige Käsewürfel hineingeben und die Blüten durch leichtes Drehen der Blütenblätter wieder verschließen. Die beiden Eier mit Salz und Pfeffer verquirlen, die gefüllten Blüten darin eintauchen und sie dann vorsichtig durch die Brösel ziehen; in reichlich heißem Öl frittieren, kurz auf Küchenkrepp legen und heiß servieren.

Zucchiniblüten auf meine Art

3 mittelgroße Kartoffeln • 1 Ei • 1 Eigelb • 4 EL Parmigiano Reggiano • 1 EL Pecorino romano • etwas geriebene Muskatnuss • 2 EL gehackte Minze • 16 Zucchiniblüten • 2–3 EL natives Olivenöl

Kartoffeln waschen, in einen großen Topf geben, mit kaltem Wasser bedecken und garkochen. Die noch heißen Kartoffeln schälen und mit der Kartoffelpresse zerdrücken. Ei, Eigelb, Parmesan, Pecorino, Minze, Muskatnuss, Salz und Pfeffer untermischen. Blüten mittels Löffel oder Spritzsack füllen, auf ein mit Backpapier ausgelegtes Blech legen, mit etwas Öl beträufeln und im auf 180 °C vorgeheizten Ofen 10–15 Minuten backen. Die heißen Blüten sofort servieren.

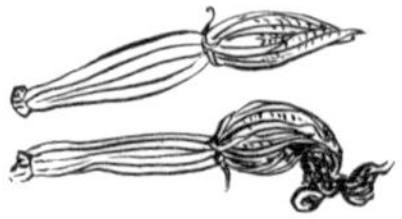

Pikanter Zucchini-Kuchen

1 kg Zucchini • 1 EL Petersilie • 1 EL Majoran • 125 ml Obers (Sahne) • 2 Eier • 3 EL Mehl • 100 g geriebener Parmesan • 80 g geriebener Emmentaler oder Bergkäse • Salz und Pfeffer • geriebene Muskatnuss • Butter für die Form

Zucchini waschen, putzen, grob raspeln und in einem Sieb abtropfen lassen. Petersilie und Majoran fein hacken. Obers, Eier und Mehl verquirlen. Zucchini, Petersilie, Majoran und Käse dazugeben und verrühren. Mit Salz, Pfeffer und Muskat würzen. Den Backofen auf 180 °C vorheizen. Eine Kastenform fetten. Zucchiniteig einfüllen und glattstreichen. Ca. 45 Minuten backen.

Zucchini-Curry Cremesuppe

Für 6 Personen: 2 Zwiebeln • 2–3 EL natives Olivenöl • 2–3 TL Curry • 1 kg Zucchini • 1 Fenchel • 3 mittelgroße Kartoffeln • circa 1 Liter Gemüsefond • 200 ml ungesüßte Kokosmilch • Salz und Pfeffer

Die fein geschnittenen Zwiebeln im Öl anrösten, den Curry einstreuen und kurz mitrösten, dann die Zucchini, den Fenchel und die geschälten Kartoffeln – alles in Stücke geschnitten – zugeben, gut durchrühren, salzen und mit dem Gemüsefond bedeckt aufkochen. Nach etwa 10 Minuten die Kokosmilch zugeben und die Suppe 20 Minuten weiterkochen lassen. Mit dem Mixstab pürieren, mit Salz und Pfeffer abschmecken. Heiß oder kalt servieren.

PASTA, RISOTTO UND GNOCCHI

Orecchiette mit Tenerumi und frittiertem Brot

circa 1½ kg Tenerumi (Sprossen und weiche Blätter der Zucchinipflanze) • 2 Zehen Knoblauch • 2–3 getrocknete Chilischoten • natives Olivenöl nach Bedarf • 60 g Brotkrumen von Toskanabrot oder ähnlichem • 400 g Orecchiette oder Cavatelli • Salz nach Bedarf

Die Sprossen gründlich aber vorsichtig waschen, mit einem Messer von den harten Fasern befreien, wie man es mit Selleriestangen macht, von den härteren Blättern die Fasern in den Blattrippen an der Unterseite entfernen und (soweit vorhanden) die jungen Zucchini in Stücke schneiden. In einem großen Topf Wasser zum Kochen bringen. In einer kleinen Pfanne mit etwas Olivenöl den gehackten Knoblauch und die zerkleinerten Chilischoten

anrösten. In eine andere Pfanne reichlich Olivenöl geben und die grob geschnittenen Brotkrumen darin unter häufigem Rühren rösten. Mit einem Schaumlöffel herausnehmen, sobald sie goldgelb und knusprig sind. Das kochende Wasser salzen und das Gemüse etwa 15 Minuten kochen. Da die Pasta zusammen mit dem Gemüse gekocht wird, muss diese, falls ihre Kochzeit weniger als die des Gemüses beträgt, entsprechend später zugegeben werden. Das Gemüse mit dem Schaumlöffel entnehmen, um es nicht zu zerquetschen und die Pasta dann abseihen. Beides in die Pfanne mit dem Knoblauch und dem Chili geben, nach Bedarf etwas Öl zugeben und mit den gerösteten Brotkrumen servieren.

Zoodles mit Pesto aus getrockneten Tomaten

Zoodles, Spaghetti aus Zucchini sind eine schmackhafte Alternative zu Pasta. Sie eignen sich für Vegetarier, Vegane, Rohköstler und Menschen mit Glutenintoleranz. Sie können eure sommerliche Küche bereichern, ohne dass ihr den Ofen einschalten müsst. Im Handel sind diverse Spiralschneider erhältlich, mit denen man die Spaghetti herstellen kann.

4–5 mittelgroße Zucchini • 100 g getrocknete Tomaten in Öl • 30 g Walnüsse • 2 EL natives Olivenöl • 1 Knoblauchzehe • 1 EL Kapern in Essig • etwa 10 Basilikumblätter • Wasser nach Bedarf • Salz

Zucchini waschen, die Enden abschneiden. Mit einem Spiralschneider in lange Spaghetti schneiden. Abgetropfte Tomaten, Walnüsse, Öl, Knoblauch, Kapern und Basilikum im Mixer pürieren. Falls das Pesto zu dick ist, nach und nach etwas Wasser zugeben. Das Pesto zu den rohen Gemüsespaghetti geben und mit Salz abschmecken – man kann die Zoodles auch kurz in Salzwasser blanchieren.

Spaghetti mit Zucchini und Salsiccia

4 EL natives Olivenöl • 300 g Salsiccia (rohe italienische Bratwurst) • etwas Weißwein • 1 Schalotte • 2 mittelgroße Zucchini • Salz und Pfeffer • 360 g Spaghetti • Parmesan

Einen EL Olivenöl in einer Pfanne erhitzen, die zerkleinerte Salsiccia zugeben und braten. Mit Wein ablöschen und die Flüssigkeit verdampfen lassen. In einer zweiten Pfanne im verbleibenden Öl die fein geschnittene Schalotte anrösten, die in dünne Scheiben geschnittenen Zucchini zugeben, salzen und pfeffern; unter Zugabe von etwas Wasser etwa 10 Minuten kochen, dann die Salsiccia-Stücke, ohne das beim Braten augetretene Fett, zugeben und alles einige Minuten weiterkochen. Spaghetti in reichlich Salzwasser al dente kochen, abseihen und in die Pfanne leeren. Spaghetti im Sugo kurz erhitzen und mit dem Parmesan servieren.

Orzotto mit Zucchiniblüten

Risotto lässt sich nicht nur aus Reis zubereiten! Auf dieselbe Art kann man auch Orzotto bereiten, ein Risotto mit Perlgerste, wie die italienische Bezeichnung Orzotto – als Fusion von *orzo* (Gerste) und Risotto besagt.

1 Schalotte • 4 EL natives Olivenöl • 320 g Perlgerste • 50 ml trockener Weißwein • 1 L Gemüsefond • 1 g Safran • 10 Zucchiniblüten • 250 g Zucchini • 20 g Butter • Salz und Pfeffer • 4 EL Parmesan

Die fein gehackte Schalotte in zwei EL Öl frittieren. Die unter fließendem Wasser gut gewaschene, abgetropfte Gerste zugeben und kräftig umrühren; die Gerste so lange rösten, bis alle Körner glasig sind. Mit Wein ablöschen und einige Minuten auf lebhafter Flamme kochen. Mit Gemüsefond bedecken und bei milder Hitze unter ge-

legentlichem Rühren weiterkochen. Portionsweise Fond nachgießen, sobald sich die Flüssigkeit verkocht hat. In der Zwischenzeit den Safran in etwas Fond einlegen. Die Blüten putzen, Blütenstiele und Enden der Zucchini entfernen. Zucchini in kleine Scheiben schneiden. Nach etwa 10 Minuten Safran, Blüten und Zucchini hinzufügen; salzen. Unter Zugabe von Fond weiterkochen. Am Ende 2 EL Parmesan und die Butter einrühren. Einige Minuten rasten lassen und mit restlichem Parmesan servieren.

Pasta mit frischem Thunfisch und Zucchinipesto

360 g kurze Pasta nach Belieben • Salz • 250 g frischer Thunfisch • 2 EL natives Olivenöl • 1 unbehandelte Zitrone • Chiliflocken oder etwas gehackte, getrocknete Chilischote (falls man will)

Für das Pesto siehe Rezept Seite 51

Reichlich Wasser erhitzen. Sobald es kocht, Salz und die Pasta zugeben.

Den Thunfisch in Würfel schneiden und bei mittlerer Flamme im Öl circa 5 Minuten unter häufigem Rühren braten. Mit Zitronenschale und Chiliflocken würzen, noch ein paar Minuten weiterbraten. Den Thunfisch aus der Pfanne heben und beiseite stellen. In dieselbe Pfanne das Pesto geben, etwas Pastawasser zuschütten, umrühren und die Thunfischstücke einlegen. Die fertige Pasta abseihen und in die Pfanne mit dem Thunfisch geben. Kurz durchwärmen, bei Bedarf noch etwas Öl hinzufügen und servieren.

Carbonara mit Zucchini

Carbonara mit Zucchini ist eine vegetarische Variante der klassischen Carbonara, bei der statt Guanciale (Speck) Zucchini verwendet werden. Ein köstliches Gericht, das Vegetarier und Fleischesser gleichermaßen begeistern wird.

360 g Spaghetti • 2 mittelgroße Zucchini • natives Olivenöl • 1 Knoblauchzehe • Salz • 2 Eier + 2 Eigelb • 4–6 Löffel Parmesan oder geriebener Pecorino Romano plus mehr zum Servieren • schwarzer Pfeffer

Für die Pasta einen großen Topf mit Wasser erhitzen. Inzwischen die Zucchini waschen, trocknen und von den Enden befreien. Zucchini jeweils zuerst der Länge nach in vier Teile und dann quer in Würfel schneiden. In eine große, beschichtete Pfanne reichlich Olivenöl geben, die zerdrückte Knoblauchzehe und, wenn der Knoblauch zu rösten beginnt, die Zucchiniwürfel hinzufügen. Salzen und die Zucchini bei lebhafter Flamme etwa 10 Minuten rösten. Sobald das Wasser kocht, salzen, die Pasta einlegen und inzwischen die Eiercreme bereiten. Eier, Eigelb, reichlich schwarzen Pfeffer und den Käse mit einer Gabel aufschlagen. Die Pasta, wenn sie al dente ist, abseihen, in die Pfanne mit den Zucchini geben und gut mischen. Pfanne vom Feuer nehmen und die Eiercreme zugeben. Rasch und kräftig durchmischen und zusammen mit weiterem geriebenem Parmesan oder Pecorino romano servieren.

Penne mit Zucchini, Ricotta, Zitronenschale und Kapern

2 mittelgroße Zucchini • 1 große, unbehandelte Zitrone • 3 Tl in Salz eingelegte Kapern • 300 g Ricotta • schwarzer Pfeffer • 5 EL natives Olivenöl plus etwas mehr zum Anrichten • 4 Zweige frischer Thymian • 360 g Penne • 1 Knoblauchzehe • Parmesan • Salz

Die Zucchini waschen und nach Entfernen der Enden in Würfel schneiden. Zitronenschale abreiben. Kapern unter fließendem Wasser abspülen. Einige Minuten in eine Schüssel mit Wasser legen, um das Salz zu entziehen. In einer anderen Schüssel die Ricotta mit einem Teil der abgeriebenen Zitrone, gemahlenem schwarzem Pfeffer, 2 Esslöffeln Öl und den Thymianblättern mittels einer Gabel vermischen.

Reichlich Wasser zum Kochen brine, salzen und die Pasta einlegen. Inzwischen den gehackten Knoblauch in 3 EL Öl in einer beschichteten goldbraun rösten. Knoblauch herausheben, die Zucchini zugeben, leicht salzen und auf lebhafter Flamme etwa 10 Minuten knusprig braten. Die Ricotta und die gut ausgedrückten Kapern sowie einige Löffel Pasta-Kochwasser einrühren. Die Pasta abseihen, in der Pfanne mit der Zucchinicreme mischen. Mit Salz und Pfeffer abschmecken. Die verbliebene Zitronenschale sowie reichlich geriebenen Parmesan darüberstreuen.

Gnocchi mit Zucchini und Garnelen

Zucchini passen sehr gut zu Garnelen und Shrimps und bieten sich in diesem Fall als köstliche Zutat zu einem klassischen Primo Piatto an.

Für die Gnocchi: 1 kg mehlige Kartoffeln • ca. 300 g glattes Mehl und etwas Mehl für die Arbeitsfläche • 1 ganzes Ei • 1 Eigelb • Salz

Für die Sauce: 600 g Zucchini • 1 Knoblauchzehe • 4–5 EL natives Olivenöl • 400 g geschälte Garnelen • circa 50 ml trockener Weißwein • 1 kleiner Bund Petersilie • Pfeffer

Kartoffeln waschen und gar kochen. Die noch heißen Kartoffeln schälen und durch die Kartoffelpresse drücken. Abkühlen lassen, auf eine dünn mit Mehl bestreute Arbeitsplatte geben, eine Vertiefung in die Mitte drücken. Ei und Eigelb verquirlen, in die Vertiefung gießen und in die Masse einarbeiten. Salzen. Nach und nach das Mehl einarbeiten. (Die genaue Menge Mehl hängt dabei von der Saugfähigkeit der Kartoffeln ab.) Ungefähr 10 Minuten durchkneten, bis der Teig nicht mehr an den Händen kleben bleibt. Den Teig 30 Minuten ruhen lassen. Aus dem Teig auf der bemehlten Arbeitsfläche gleichmäßig dicke Rollen formen und davon Stücke in der gewünschten Größe abschneiden. Mit den Zinken einer Gabel das typische Gnocchi-Muster eindrücken. Die gewaschenen und von den Enden befreiten Zucchini halbieren, entkernen und in sehr dünne Scheiben schneiden. Den gehackten Knoblauch im Olivenöl anrösten. Nach einigen Minuten die Garnelen einrühren (wenn diese sehr groß sind, in kleinere Stücke schneiden). Mit dem Weißwein ablöschen. Wenn dieser eingekocht ist, die Zucchini zugeben und salzen. Ist die Sauce fast fertig, in einem großen Topf Wasser erhitzen, salzen und die Gnocchi in nicht zu großen Mengen nach und nach

kochen. Sobald sie nach oben steigen, mit dem Schaumlöffel herausheben und in die Pfanne mit dem Zucchini-Sugo legen, gut durchmischen. Bei Bedarf noch einen Spritzer Olivenöl zugeben. Mit frisch gemahlenem Pfeffer und der gehackten Petersilie bestreuen.

Cremiger Risotto mit Zucchini

3 mittelgroße Zucchini • 4 EL natives Olivenöl • ca. 750 ml Gemüsefond • 1 große Schalotte • 400 g Carnaroli-Reis • etwas Weißwein • 50 g Butter • 80 g Parmigiano Reggiano

Die Zucchini waschen, nach dem Entfernen der Enden in kleine Würfel schneiden und 10–15 Minuten in einer beschichteten Pfanne mit 2 EL Olivenöl anbraten – falls nötig, einen Spritzer Wasser zugeben. Die Zucchini mit drei Esslöffeln Fond pürieren. Die Schalotte in feine Scheiben schneiden und in 2 EL Olivenöl goldgelb braten. Den Reis zugeben und kurz unter ständigem Rühren anrösten. Mit Weißwein ablöschen und den Alkohol vollständig verdampfen lassen. Einen Schöpflöffel heißen Fond zugießen. Mit dem Kochprozess circa 18–20 Minuten unter häufigem Rühren fortfahren. Dabei immer wieder einen Schöpfer Suppe nachgießen, sobald der Reis die Flüssigkeit zur Gänze aufgenommen hat. Nach circa 10 Minuten Kochzeit das Zucchinipüree zugeben und mit dem Kochen fortfahren. Am Ende der Garzeit den Topf vom Feuer nehmen, das Butterstück und ein wenig Parmesan dazugeben, gut mischen und zugedeckt 2 Minuten rasten lassen. Mit dem restlichen Parmesan bestreuen und sofort servieren.

Reissalat mit Zucchini

320 g Carnaroli oder Parboiled Reis • Salz • ca. 6 EL natives Olivenöl • 3 Eier • 350 g Thunfisch in Olivenöl, abgetropft • 2 Frühlingszwiebeln • 200 g gereifter Käse • 10 Cherry-Tomaten • 1 gelbe Paprika • 4 kleine Zucchini • 1 Knoblauchzehe • 4 EL Mais • Pfeffer • Basilikum und Minze nach Belieben

Reis in reichlich Salzwasser al dente kochen und abseihen. Um den Geschmack und die Konsistenz zu erhalten, empfiehlt es sich, den Reis mit etwas nativem Olivenöl zu beträufeln und ihn gleichmäßig in einen niedrigen, aber weiten Behälter zu breiten. Mit einem Deckel oder mit Folie abdecken und an einem kühlen Ort vollständig auskühlen lassen – von Zeit zu Zeit auflockern, damit die Körner nicht aneinander kleben. Die Eier hart kochen, abschrecken, schällen und vierteln. Die Frühlingszwiebel in feine Scheiben, den Käse in kleine Würfel schneiden, die Tomaten vierteln, die Paprika in Streifen und die Zucchini in Scheiben schneiden. Die gehackte Knoblauchzehe in einer Pfanne mit 3 EL Öl goldbraun braten, die Zucchini zugeben und 10–15 Minuten dünsten (sie sollen knackig bleiben). Wenn die Zucchini abgekühlt sind, den Reis in eine große Salatschüssel füllen, den zerteilten Thunfisch dazugeben und gut untermischen, dann die Paprika, den Mais, die Zucchini, die Frühlingszwiebeln, den Käse, die Eier, die Tomaten, das Basilikum und die Minze zugeben. Mit Öl, Salz und Pfeffer abschmecken und mit Zimmertemperatur servieren.

Doradenfilets in der Zucchinikruste

Eine Zucchinikruste, die sich auch für andere Fischarten, beispielsweise auch für Süßwasserfische eignet.

3–4 mittelgroße Zucchini • 6 EL Semmelbrösel • 6 EL Parmesan • 1 Knoblauchzehe • 1 EL Petersilie • natives Olivenöl • 8 Doradenfilets

Zucchini grob reiben und mit den Händen gut ausdrücken. In einer Schüssel mit den Bröseln, geriebenem Parmesan, fein gehacktem Knoblauch und gehackter Petersilie mischen. Olivenöl hinzufügen, um die Masse zu binden.

Ein Backblech mit Backpapier auslegen, gut einölen und die Doradenfilets auflegen. Die Zucchinimasse auf den Filets verteilen und mit den Händen gut darauf festdrücken. Im auf 200 °C vorgeheizten Backrohr circa 25 Minuten backen, davon die letzten 5 Minuten mit der Grillfunktion, bis die Kruste Farbe annimmt.

Zucchini-Frittata

Gibt der Kühlschrank nicht viel mehr als Eier her, bietet sich eine Omelette an, ein preiswertes und schnell zubereitetes Gericht, das man heiß oder kalt genießen kann. Omelette mit Zucchini ist eine leichtere Variante als die klassische Art, da sie mit einem Gemüse der Saison im Ofen zubereitet wird. Sie ist optimal für ein Mittag- oder Abendessen, eignet sich aber auch hervorragend zu einem Brunch, einem Picknick oder, in Würfel geschnitten, zu einem Aperitif oder Stehbuffet.

600 g mittelgroße Zucchini • 8 Eier • Salz und Pfeffer • 100 g Parmesan oder 50 g Parmesan und 50 g Emmentaler • 2 EL Crème fraîche (falls man will) • 1 Jungzwiebel • Minze und Basilikum nach Belieben • 1–2 EL natives Olivenöl

Ofen auf 180 °C vorheizen. Die Zucchini von den Enden befreien und in circa 5 Millimeter dicke Scheiben schneiden. Die Eier in einer Schüssel verquirlen, salzen und pfeffern. Geriebenen Käse, Crème fraîche (falls verwendet), die fein geschnittene Jungzwiebel, die gehackten Kräuter und die Zucchini zugeben. In eine beschichtete, leicht geölte Backform von 24–26 cm Durchmesser (je nachdem, wie hoch man die Frittata möchte) füllen und circa 30 Minuten backen.

Faschierter Braten mit Zucchini und Kartoffeln

1 große Zwiebel • 4 EL Olivenöl • 300 g Zucchini • 300 g Kartoffeln • 2 Eier • 50 g Emmentaler • 50 g Schinken • Majoran • Salz und Pfeffer • 700 g Faschiertes (Hackfleisch) vom Kalb • 30 g Butter • Mehl für die Form • etwas Semmelbrösel • 1 kg Tomaten • Basilikum

Zwiebel fein hacken. Die Hällfte mit 2 EL Öl anbraten. Die in Scheiben geschnittenen Zucchini zugeben und 15 Minuten garen; abkühlen lassen. Inzwischen die Kartoffeln kochen, zerdrücken und mitsamt Eiern, in Würfel geschnittenem Emmentaler, in Stückchen geschnittenem Schinken, dem Majoran, Salz und Pfeffer unter das Fleisch mischen. Die Masse soll weich sein.

Backofen auf 180 °C erhitzen. Eine Kastenform mit 26 Zentimetern buttern und mehlen. Abwechselnd eine Schicht Fleisch und eine Schicht Zucchini einfüllen. Mit Semmelbröseln und Butterflocken bestreuen und

im Ofen bei 180 °C circa 45 Minuten backen. Inzwischen Tomaten schälen, entkernen und würfelig schneiden. Die restliche gehackte Zwiebel in Öl anrösten, die Tomaten und das Basilikum zugeben, salzen und 15–20 Minuten kochen. Den fertigen Braten abkühlen lassen, in Scheiben schneiden und einige Minuten im Tomatensugo ziehen lassen.

Sardellen-Zucchini-Auflauf

1 kg Zucchini • 1 kg Sardellen • 2 EL Semmelbrösel • 3 EL Parmesan • 2 Knoblauchzehen • 1 EL gehackte Petersilie • Pfefferminze, Thymian, Majoran (insgesamt 2 gehäufte EL) • 12 Cocktailtomaten • 5 EL natives Olivenöl • Salz

Die Zucchini in dünne Scheiben schneiden, einsalzen und ca. 40 Minuten in einem Sieb ziehen lassen, um sie zu entwässern. Sardellen reinigen, köpfen und so entgräten, dass die Filets zusammenhängend wie zwei Seiten eines aufgeschlagenen Buches erhalten bleiben. Semmelbrösel, Parmesan, fein gehackten Knoblauch, Petersilie und Kräuter vermischen. Zucchini und Sardellen abspülen und mit Küchenpapier abtupfen. Den Boden einer Auflaufform mit 3 EL Öl auspinseln und mit einem Teil der Zucchini auslegen, darauf etwas Bröselmasse verteilen, dann die Sardellen, erneut die Masse, wieder Zucchini usw. übereinander schichten. Mit einer Schicht Zucchini und 2 EL Öl abschließen und mit den Tomaten belegen. Im vorgeheizten Backrohr bei 180 °C ca. 25 Minuten backen.

Hühnerbruststreifen mit Zucchini und Balsamicoessig

700 g Hühnerfilet • 4 mittelgroße Zucchini • Mehl nach Bedarf • 2 EL natives Olivenöl • 1 EL Butter • circa 50 ml trockener Weißwein • 2–3 EL Balsamicoessig • Salz und Pfeffer

Das in Streifen geschnittene Huhn und die in runde Scheiben geschnittenen Zucchini in Mehl wälzen. Öl und Butter in einer beschichteten Pfanne bei mäßiger Flamme erhitzen und das Fleisch unter Rühren zugeben, sobald die Butter geschmolzen ist. Die Zucchini untermischen und mit dem Garprozess etwa 10 Minuten fortfahren. Mit Wein ablöschen und einige Minuten weiterköcheln. Salzen und pfeffern, zuletzt den Balsamico einrühren. Einige Minuten zugedeckt rasten lassen.

Herzhafter Kuchen mit Zucchini

Zutaten für 6 Personen: 600 g gelbe Zucchini • 50 g Lauch • 3 EL natives Olivenöl • 300 g Ricotta • 150 ml Obers (Sahne) • 100 g Parmesan • 3 mittelgroße Eier • Salz und Pfeffer • 1 Packung Blätterteig • 3 Majoranzweiglein

Zucchini und Lauch in eher dünne Scheiben schneiden. Den Lauch in einer Pfanne mit Olivenöl einige Minuten anrösten, Zucchini zugeben und etwa 10 Minuten unter häufigem Rühren braten. Ricotta, Obers, geriebenen Parmesan, Eier, Salz und Pfeffer in einer Schüssel mit einem Schneebesen mischen. Die abgekühlten Zucchini und zuletzt die Majoranblätter einrühren. Auf einem Backblech von 28 cm den Blätterteig mit dem ganzen Backpapier ausrollen, überstehende Ecken abschneiden, an die fehlenden Ecken legen und andrücken. Mit den Zinken einer Gabel Löcher in den Teig stechen, die Zuc-

chini-Mischung darüberleeren und glattstreichen. Falls der Rand zu hoch ist, umfalten, sodass er knapp über der flüssigen Masse abschließt. Im auf 180 °C vorgeheizten Ofen circa 45 Minuten backen. Heiß oder kalt servieren.

Putenrouladen mit Zucchinifülle

ca. 50 g Parmesan • 2 kleine Zucchini • 4 Putenschnitzel (circa 600 g) • Salz • 8 Majoranzweiglein • 4 EL natives Olivenöl • ca. 50 ml trockener Weißwein

Den Parmesan (z.B. mit einem Spargelschäler) in Flocken schneiden. Die Enden der Zucchini entfernen, Zucchini mit einem Kartoffelschäler oder Gemüsehobel der Länge nach dünn aufschneiden,.Das Fleisch leicht flachklopfen. Anschließend jedes Schnitzel in 2 gleich große Hälften schneiden. Jede Hälfte mit zwei der dünnen Zucchini-Scheiben, etwas Salz, Parmesan und einem Majoranzweig befüllen und von der kürzeren Seite her zu einer Roulade aufrollen, die mit einem Zahnstocher verschlossen wird. Öl in der Pfanne erhitzen, die Rouladen einlegen und bei lebhafter Flamme gleichmäßig anbräunen. Mit dem Weißwein ablöschen, mit Salz abschmecken und etwa 10 Minuten weiterköcheln. Mit dem Bratenfond übergießen und sofort servieren.

Zucchini-Bällchen

400 g Zucchini • Salz • 300 g Kartoffeln • einige Minzeblätter • 100 g Parmesan • 1 Ei • Pfeffer • Semmelbrösel zum Panieren • Erdnussöl zum Frittieren

Zucchini waschen, Enden entfernen, Zucchini grob reiben, leicht salzen und in einem Sieb über dem Waschbecken abtropfen lassen. Kartoffeln in der Schale kochen, schälen, durch die Kartoffelpresse drücken und mit den Zucchini mischen. Minze, geriebenen Parmesan und Ei zugeben; gut verkneten. Mit Salz und Pfeffer abschmecken. Kugeln von der Größe eines Golfballs formen und in den Bröseln wälzen. In einer Pfanne reichlich Öl erhitzen und wenn es heiß genug ist, die Bällchen nach und nach unter häufigem Wenden frittieren. Sobald sie goldbraun sind, auf Küchenpapier legen.

Falsche Pizza mit Zucchini

Diese falsche Pizza aus Zucchini ohne Gluten und Hefe ist eine sehr gute Alternative für ein Fleischgericht oder eine klassische Pizza.

150 g Mozzarella • 500 g Zucchini • 80 g (2 mittelgroße Eier) Eiweiß • Salz • Pfeffer • etwas geriebene Muskatnuss • 20 g Kartoffelmehl • 100 g Tomatensauce • 50 g geriebener Grana • einige Basilikumblätter • etwas Olivenöl

Mozzarella in Scheiben schneiden und ein paar Stunden abtropfen lassen. Zucchini waschen, trocknen, die Enden kappen. Zucchini in feine Streifen schneiden. In ein Sieb über einem Waschbecken geben, etwas salzen und eine Stunde rasten lassen Danach das Salz unter fließendem kaltem Wasser kurz abspülen. Die Zucchini anschließend mit den Händen gut ausdrücken. Während der Ofen auf 180 °C erhitzt wird, die Zucchini in einer

Schüssel mit mit dem Eiweiß, Salz, Pfeffer und Muskatnuss vermischen. Dann den Käse und die Kartoffelstärke einrühren. Eine runde Backform von 28 cm mit Backpapier auslegen, die Mischung darauf verteilen und glätten. Im Ofen 20 Minuten backen bzw. bis die Oberfläche goldgelb ist und sich am Rand eine Kruste bildet. Herausnehmen und rasch mit Zutaten nach Belieben (beispielsweise mit Tomatensauce und Mozarella) belegen, nochmals in den Ofen geben und 10–15 Minuten zu Ende backen. Aus dem Ofen nehmen, mit Grana und ein paar Basilikumblättern garnieren, mit etwas Olivenöl beträufeln und in Spalten servieren.

Parmigiana di zucchine

Gleich drei italienische Regionen, Sizilien, Campanien und die Emilia, reklamieren das Originalgericht für sich und obwohl es bei der Zubereitung zahllose Varianten gibt, halten Puristen ausschließlich jene mit Melanzani für die richtige. In den letzten Jahren hat jedoch die geschmacklich delikatere Version mit Zucchini, bisweilen in bianco, ohne Sugo zubereitet, immer mehr Anhänger gefunden und so bewiesen, dass sie durchaus würdig ist, die Melanzani zu ersetzen.

1 kg Zucchini • Grobes Meersalz • Mehl nach Bedarf • Erdnussöl • 250 g Provola, Scamorza, Caciocavallo oder Mozzarella • 60 g Parmesan
Für die Tomatensauce: 1 mittelgroße Zwiebel • 1 EL natives Olivenöl • 750 ml passierte oder gewürfelte Tomaten aus der Dose • Salz • 1 Messerspitze Zucker • 5–6 Blätter Basilikum plus mehr zum Bestreuen

Die Zucchini waschen, von den Enden befreien, in ca. 5 mm schmale Scheiben schneiden und in Schichten in ein Nudelsieb legen. Jede Lage mit etwas grobem Meersalz bestreuen. Mit einem Gewicht circa 1 Stunde lang beschweren, sodass Flüssigkeit abtropft. Inzwischen für die Sauce die fein geschnittene Zwiebel im Olivenöl goldgelb anschwitzen, unter ständigem Rühren die Tomaten, 1 Prise Salz, Zucker und Basilikumblätter dazugeben. Auf kleiner Flamme 20–30 Minuten köcheln lassen, dabei gelegentlich umrühren. Die Zucchini unter fließendem Wasser abspülen und gut mit einem Geschirrtuch trockentupfen. Die Zucchinischeiben bemehlen, überschüssiges Mehl abklopfen und in reichlich Erdnussöl langsam braten, bis sie eine gleichmäßig goldgelbe Färbung annehmen. Mit einem Schaumlöffel entnehmen, abtropfen lassen und auf eine Platte mit fettsaugendem Papier legen. Den Backofen auf 180 °C vorheizen. In eine ofenfeste Form einige Löffel Tomatensauce geben und eine Schicht Zucchini darüberlegen. Diese mit weiterem Sugo, einigen Basilikumblättern, den in Scheiben geschnittenen Käse und dem geriebenen Parmesan bedecken. Auf dieselbe Art lagenweise fortfahren, bis alle Zutaten verbraucht sind.

BEILAGEN

Zucchinichips

Zucchinichips aus dem Ofen sind knusprig, einfach herzustellen und einmal etwas anderes. Aufgrund der bekömmlichen beiden Hauptzutaten eignen sie sich auch für Diäten, sind dabei preiswert sowie vielseitig verwendbar und können ein Fleisch- oder Fischgericht ebenso begleiten wie einen Aperitif.

6 mittelgroße, sehr feste Zucchini • Natives Olivenöl • Salz und Pfeffer

Zucchini waschen, abtrocknen und gleichmäßig in dünne, runde Scheiben schneiden. Zwischen Küchenpapier legen, sodass Flüssigkeit entzogen wird. Die Scheiben einzeln auf ein mit Backpapier ausgelegtes, leicht geöltes Blech legen. Mit etwas Öl bepinseln und im auf 200 °C vorgeheizten Backofen circa 15 Minuten backen. Sie sind fertig, wenn sie eine goldgelbe Farbe und knusprige Ränder haben. Mit Salz und Pfeffer abschmecken und sehr heiß servieren.

Zucchine alla scapece

Der Name *scapece* leitet sich vom Spanischen *escabeche* her, das seinerseits aus dem Arabischen stammt. Es handelt sich dabei um eine Marinade, die höchstwahrscheinlich durch die spanische Okkupation nach Neapel gelangte und dann auch in anderen Regionen Verwendung fand, wo sie zahlreiche weitere Speisen ins Leben rief. Die *cocozzielli a scapece*, so ihr Name im neapoletanischen Dialekt, wurden im 19. Jahrhundert zu einem Vorläufer des Street-Food, über das die mehrfach für den Literaturnobelpreis nominierte Schriftstellerin Matilde Serao in ihrem 1884 erschienenen *Ventre di Napoli* anschaulich berichtet: »Vom Wirt kann man für wenig Geld eine Portion Scapece bekommen. Die Scapece (…) wird auf der Straße in einem großen, tiefen Topf feilgeboten, in den sie wie in eine Konserve hineingepresst ist und von wo man sie mit einem Messer abschneidet. Das neapolitanische Volk bringt sein Brot, schneidet es entzwei und der Wirt leert Scapece darauf«.

Zucchini alla scapece sind eine perfekte Beilage sowohl zu Fleisch- als auch Fischgerichten, machen sich aber auch gut zu Eiern und als Antipasto – beispielsweise

zu Käse. Was die Marinade betrifft, so kann man reinen oder mit Wasser verdünnten Essig benutzen und die Marinade kochen oder auch nicht. Die Mengen für die hier vorgeschlagene Variante sind approximativ und hängen vom individuellen Geschmack ab.

Zutaten für 6–8 Personen: 1½ kg Zucchini • grobes Meersalz bei Bedarf • natives Olivenöl zum Frittieren • 100 ml Weißweinessig • 80 ml Wasser • 5–6 Knoblauchzehen • frische Minze nach Belieben • Salz • Pfeffer

Die Zucchini von den Enden befreien und in runde Scheiben von 5 Millimetern Dicke schneiden. Um Flüssigkeit zu entziehen, sieht das Originalrezept vor, die Zucchinischeiben einige Stunden in die Sonne zu legen. Wenn dies nicht möglich ist, kann man sie – schichtenweise mit wenig grobem Salz bestreut – in ein Sieb schlichten, das man bedeckt und mit einem Gewicht beschwert. Nach etwa einer Stunde das Salz unter fließendem Wasser kurz wegspülen, die Scheiben auf saubere, trockene Tücher breiten und sie darin leicht ausdrücken, damit sie möglichst trocken sind. In einer hohen Pfanne reichlich Olivenöl erhitzen und wenn es heiß genug ist, die Scheiben nach und nach frittieren bis sie goldbraun sind. Anschließend auf Küchenpapier legen. Auf einen Servierteller oder in eine nicht zu große Form, da es mehrere Lagen sein sollen, eine Schicht Zucchini-Scheiben legen, mit ein wenig Minze und gehacktem Knoblauch (man kann auch ganze Zehen nehmen), Salz und Pfeffer bestreuen. Den Vorgang so lange wiederholen, bis alle Zucchini-Scheiben aufgebraucht sind. Essig, Wasser, zwei Knoblauchzehen und einige Minzeblätter etwa 10 Minuten kochen lassen. Einige Löffel des Frittieröls hinzufügen und die Marinade noch warm über die Zucchini gießen. Bedeckt an einem kühlen Ort mindestens über Nacht, besser aber 24 Stunden, ziehen lassen.

Caponata mit Zucchini

Caponata, eines der bekanntesten Gerichte der sizilianischen Küche, verdankt ihren Namen vermutlich der großen Goldmakrele, im sizilianischen Dialekt *capon*, welche die Oberschicht mit in süßsaurer Sauce bereitetem Gemüse aß. Die weniger wohlhabenden Klassen, die sich den Fisch nicht leisten konnten, ersetzten den Fisch durch die preiswerteren Melanzani. Von der *caponata* gibt es, je nach der jeweiligen Stadt, zahllose Varianten, wobei man allein auf Sizilien mehr als 30 zählt; dazu kommen ähnliche Gerichte, die sich in anderen Regionen mit mediterraner Küche finden. Alle haben als Basis stets eine süßsaure Sauce, zu der man in der klassischeren Version Melanzani gibt, daneben gibt es die Varianten mit Paprika und/oder Kartoffeln, mit und ohne Pinienkerne und Rosinen sowie jene mit Fisch. In meiner Familie wurde immer die klassisch-palermitanische *caponata* mit Melanzani bereitet, doch Zucchini können sie hervorragend ersetzen.

Die Mengen für die süßsaure Soße sind approximativ, normalerweise geht man nach Augenmaß und Geschmack. Die Caponata wird mindestens einen Tag früher zubereitet und sie wird mit der Zeit immer besser, weshalb es sich empfiehlt, eine größere Menge davon herzustellen, um sie kalt als Vorspeise oder als Beilage zu genießen.

1 kg Zucchini • Olivenöl zum Frittieren • 3–4 Selleriestangen (nur die weichen, inneren Stangen verwenden) • 1 Zwiebel • 500 g geschälte oder passierte Tomaten • 150 g grüne, entsteinte Oliven in Salzlake • 1 EL in Salz eingelegte Kapern • 3 EL Rotweinessig • 1 gehäufter EL Zucker • Salz

Zucchini in Stücke schneiden und in sehr heißem Öl goldgelb frittieren. Auf Küchenpapier abtropfen lassen. Ein wenig Öl vom Frittieren zurückbehalten und in derselben Pfanne bei niedriger Flamme die geschnittenen Selleriestangen und die feinblättrig geschnittene Zwiebel anrösten. Mit einem Schuss Wasser 10–15 Minuten kochen. Die Tomaten zugeben und so lange kochen, bis eine dichte, intensive Sauce entsteht. Die in Stücke geschnittenen Oliven, die gut unter fließendem Wasser gewaschenen Kapern, Essig und Zucker zugeben. Nochmals einige Minuten köcheln, mit Salz abschmecken und beurteilen, ob die süßsaure Sauce die richtige Konsistenz hat. Die Zucchini zugeben, einige Minuten weiterköcheln und dabei ab und zu vorsichtig umrühren. Abkühlen lassen, in eine Schüssel füllen und bedeckt im Kühlschrank mindestens einen Tag rasten lassen.

Gratinierte Zucchini mit Oregano, Fetakäse und Tomaten

800 g Zucchini • 15 kleine Tomaten (Cherrytomaten etc.) • 100 Fetakäse • Salz • 1 EL Oregano • 4–5 EL natives Olivenöl • 4 EL Semmelbrösel

Zucchini waschen, von den Enden befreien und in ziemlich dünne, runde Scheiben schneiden. Die Tomaten waschen und halbieren. Die Zucchinischeiben, die Tomaten, den zerkleinerten Fetakäse, Salz, Oregano und 2 EL Olivenöl in einer Schüssel gut vermengen. In eine zuvor mit Olivenöl gefettete Form füllen, glattstreichen, mit den Semmelbröseln bestreuen und etwas Olivenöl darüberträufeln. Im vorgeheizten Backofen bei 180 °C backen, bis sich eine goldbraune Kruste gebildet hat.

Gratin dauphinois mit Zucchini

Der klassische *Gratin dauphinois*, der keine Verwendung von Zucchini vorsieht, ist zum ersten Mal 1788 in Zusammenhang mit einem Abendessen belegt, gegeben durch Herzog Jules Charles Henri von Clermont-Tonnerre zu Gap in der Dauphiné, einer historischen Landschaft im Südosten Frankreichs. Die Zucchini schenken dem Gericht eine delikate Note.

Für 6 Personen: 500 g Zucchini • 500 g Kartoffeln • 500 g Crème fraîche • 200 ml Milch • 2 Knoblauchzehen • Salz und Pfeffer • etwas geriebene Muskatnuss • 1 EL Butter für die Form

Zucchini waschen, trocknen, von den Enden befreien und in runde Scheiben von circa 5 Millimeter schneiden. Kartoffeln waschen, schälen und in Scheiben schneiden. In einer Schüssel mit einer Gabel Crème fraîche, Milch, eine fein gehackte Knoblauchzehe, Salz, Pfeffer und Muskatnuss verquirlen. Den Backofen auf 160 °C vorheizen. Eine Ofenform mit einer Knoblauchzehe einreiben, buttern und eine Schicht Kartoffeln auflegen, salzen und pfeffern, mit einer Schicht Zucchini bedecken, wieder salzen und pfeffern und so fort. Am Ende mit einer Schicht Kartoffeln bedecken. Die Creme darübergießen und durch Schwenken der Form gleichmäßig verteilen. Backen, bis die Sauce fest geworden ist und sich eine schöne Kruste gebildet hat (circa 60 Minuten).

Zucchinipuffer

Diese *Puffer* mit Zucchini schmecken hervorragend mit einem Kräuterdip oder als Beilage.

1 kg Zucchini • 1 mittelgroße Zwiebel • 2 mittelgroße Eier • 2–3 TL Speisestärke • Majoran • Salz und Pfeffer • Mehl bei Bedarf • natives Olivenöl zum Braten

Die Zucchini grob reiben, in einem Küchentuch kräftig ausdrücken bis keine Flüssigkeit mehr austritt. Zucchini, fein geriebene Zwiebel, Eier, Speisestärke und Majoran in einer Schlüssel mischen; mit Salz und Pfeffer abschmecken. Falls sich zu viel Flüssigkeit absetzt, evtl. vorsichtig noch etwas Flüssigkeit abgießen oder ein wenig Mehl zugeben. Das Öl in einer beschichteten Pfanne erhitzen, Je Puffer 1 bis 2 Esslöffel Teig hineingeben und mit einer Gabel etwas flach drücken. Bei mittlerer Hitze circa fünf Minuten pro Seite knusprig und goldbraun braten. Wer es kalorienärmer will, kann die Puffer im vorgeheizten Backofen bei 180 °C auf einem mit Backpapier belegten Blech etwa 25 Minuten backen.

FÜR ALLE FÄLLE

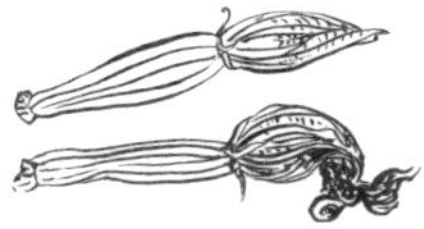

Eingelegte Zucchini

Für dieses eingelegte Gemüse eignen sich kleinere Zucchini, weil sie weniger Samen enthalten und knackiger sind. Eingelegte Zucchini sind eine herrliche Vorspeise, die auch, nach dem Abseihen der Flüssigkeit, mit Salz und nativem Olivenöl serviert werden können. Zu Gesottenem, zu gegrilltem Fisch und zu Käse passen sie ebenfalls ausgezeichnet.

1 kg kleine Zucchini • Salz • 2 Liter Weißweinessig • Schwarze Pfefferkörner • Basilikum

Zucchini waschen, von den Enden befreien und in Spalten von circa 4 cm Höhe schneiden. In ein Sieb legen, mit einer Prise Salz bestreuen und circa 2 Stunden Wasser ziehen lassen. Den Essig in einem großen Topf zum Kochen bringen. Die Zucchini 4 Minuten darin kochen lassen. Herausnehmen und auf doppelt gefaltetes Küchenpapier legen. Die ausgekühlten Zucchini nochmals mit den Händen ausdrücken, um so viel Wasser wie möglich zu eliminieren. Danach in große, zuvor sterilisierte Gläser füllen und jeweils 5–6 Pfefferkörner sowie einige Blätter Basilikum dazugeben. Den für die Zucchini verwendeten Essig nochmals mit einer Prise Salz zum Kochen bringen und auf circa ein Drittel der Menge einkochen. Zucchini mit dem abgekühlten Sud übergießen und dabei die Gläser bis zum Rand füllen. Gläser hermetisch verschließen und sterilisieren. Vor der ersten Verwendung vier Wochen reifen lassen.

Zucchinipesto

Pesto alla Genovese ist das Wahrzeichen der ligurischen Küche und in Italien sowie weltweit eine der bekanntesten Pastasaucen. Diese Version mit Zucchini passt neben Pasta auch gut zu Reis, herzhaften Kuchen, harten Eiern, gesottenem Fleisch und getoastetem Brot. Pesto wird am besten sofort konsumiert, aber es ist auch möglich, es in kleinen Gläsern im Tiefkühler oder im Kühlschrank in zuvor sterilisierten Gefäßem, mit einer gehörigen Schicht Öl bedeckt, für maximal eine Woche aufzubewahren.

300 g Zucchini • Salz • 40 g Pinienkerne • 1 Knoblauchzehe ohne grünen Keimling • 130 g natives Olivenöl • 15 g Basilikumblätter • 40 g geriebener Schafskäse • 40 g Parmesan

Zucchini waschen, putzen und grob in ein Sieb reiben, das über einer Schüssel hängt. Ein wenig Salz zugeben und eine halbe Stunde rasten lassen. Die Zucchini abspülen, auf ein sauberes Tuch legen, das Tuch darüberschlagen und der Länge nach ausstreifen, sodaß soviel Flüssigkeit wie möglich austritt. Zucchini in einem Mixer mit Pinienkernen, Knoblauch und der Hälfte des Öls circa 30 Sekunden, am besten mit kurzen Unterbrechungen, mixen. Sodann das verbliebene Öl, Basilikum, die beiden Käsesorten und eine Prise Salz zugeben und wieder kurz und mit Unterbrechungen mixen.

Zucchinikonfitüre

Eine ungewöhnliche und wohlschmeckende Konfitüre, die besonders gut zu gereiftem Käse passt, sich aber auch zur Herstellung von Torten, Keksen oder – auf eine Scheibe Brot mit Ziegenkäse gestrichen – als Appetizer eignet.

Für ca. 4 Gläser à 250 ml: 1 kg Zucchini • 400 g Zucker • 1 unbehandelte Zitrone • 3 Zweige Minze

Zucchini waschen, von den Enden befreien und in nicht allzu große Stücke schneiden. Mit dem Zucker, dem Saft und der geriebenen Schale der Zitrone sowie der Minze in einem geräumigen Topf mischen und einige Stunden ziehen lassen. Topf erhitzen und Zucchini auf kleiner Flamme weich kochen, mit einem untergetauchten Stabmixer pürieren und bis zur gewünschten Konsistenz weiterköcheln. Die kochendheiße Masse in Gläser füllen, hermetisch verschließen und an einem dunklem Ort aufbewahren.

Zucchini-Chutney mit Pfirsich

Für ca. 3 Gläser à 250 ml: 2 große Zucchini • 800 g gelbe Pfirsiche • 1 kleines Stück Ingwer • 1 unbehandelte Zitrone oder 1 EL Apfelessig • 1 EL Butterschmalz oder natives Olivenöl • 2 Schalotten • 1 TL Kurkuma • etwas Chilipulver • 2 Zweige Rosmarin • 30 g Rosinen • 2 EL Rohrzucker • unraffiniertes Meersalz

Zucchini waschen, von den Enden befreien und in kleine Würfel schneiden. Pfirsiche häuten, entsteinen und in kleine Stücke schneiden. Ingwer schälen und reiben, Zitrone auspressen und die Schale abreiben. In einer Pfanne das Butterschmalz erhitzen, gehackte Schalotten, Kurkuma, Ingwer, Chili und Rosmarin zugeben. Auf mittlerer Flamme kurz anrösten. Zucchini und Rosinen zugeben, salzen, mit wenig warmem Wasser aufgießen und circa 10 Minuten weichkochen. Dann die Pfirsiche, den Rohrzucker, die abgeriebene Zitronenschale und, falls nötig, abermals etwas Wasser zugeben. Köcheln, bis die Pfirsiche weich sind. Die Konsistenz sollte der von einem Mus entsprechen. Zuletzt den Zitronensaft einrühren und die Masse noch etwas reduzieren. In saubere Gläser abfüllen. Im Kühlschrank hält das Chutney ein paar Tage, aber man kann es auch einfrieren.

Süße Zucchiniblüten mit Ricotta und Amaretti

Das richtige Rezept für alle, die Zucchiniblüten lieben und sie auch einmal als Dessert ausprobieren möchten.

12 Zucchiniblüten • 200 g Ricotta • 6 TL Kokosraspel • 2–3 TL Rohrzucker • 6 Amaretti • 30 g Butter • 100 g Bitterschokolade • Staubzucker

Blüten säubern (siehe S. 21). In einer Schüssel die Ricotta mit Kokosraspel, Zucker und den zerkleinerten Amaretti verkneten. Blüten mittels Löffel reichlich mit der Farce füllen und anschließend durch vorsichtiges Ineinanderdrehen der Blütenblätter verschließen. Auf ein mit Backpapier ausgelegtes Blech legen, mit etwas zerlassener Butter bepinseln und im auf 180 °C vorgeheizten Ofen 10–15 Minuten backen. Inzwischen die Schokolade im Wasserbad schmelzen. Wenn die fertig gebackenen Blüten ausgekühlt sind, die Schokolade darüberträufeln und etwas Staubzucker darüberstreuen.

Zucchini-Schokoladenkuchen

Im Kuchen selbst schmecken die Zucchini nicht heraus, aber sie geben eine saftige Konsistenz.

Für 6 Personen: 200 g Zucchini • 2 Eier • 150 g Zucker • 120 g Butter • 1 Pck. Vanillezucker • ½ TL gemahlener Zimt • 1 Msp. gemahlene Gewürznelken • 70 g gemahlene Haselnüsse • 50 g geriebene dunkle Schokolade • 180 g Dinkelmehl • ½ Pck. Weinsteinbackpulver • Fett und Mehl für die Backform • Kakaopulver und Staubzucker

Zucchini waschen, trocknen, von den Enden befreien und fein reiben. Eier und Zucker leicht aufmixen. Die zerlassene und abgekühlte Butter, Vanillezucker, Zimt, Gewürznelken, Haselnüsse, Schokolade und nach und nach das mit dem Weinsteinpulver versiebte Mehl unterrühren. Zuletzt die Zucchini vorsichtig untermischen. Masse in eine gefettete und bemehlte Springform mit circa 22 cm Durchmesser füllen und im vorgeheizten Backrohr bei 180 °C circa 40 Minuten backen. Auskühlen lassen und zuerst mit Kakao, dann mit Staubzucker bestreuen.

Süße Zucchini-Beignets

Außer als Zutat für Kuchen eignen sich Zucchini auch sehr gut für ein anderes Süßspeisen-Rezept, nämlich für *frittelle alle zucchine.* Ihre Zubereitung ist einfach und sie kommen bei Groß und Klein gut an. Damit der Teig nicht zu nass wird, sollte man den Zucchini so viel Wasser wie möglich entziehen.

Für 6 Personen: 400 g Zucchini • 3 Eier • 4 EL Zucker • circa 250 g glattes Mehl • ½ Pck. Weinsteinpulver • Erdnussöl • Zucker oder Staubzucker zum Bestreuen

Zucchini waschen, von den Enden befreien, reiben, in einem Sieb verteilen, leicht mit Salz bestreuen und mit einem Gewicht beschwert eine gute Stunde abtropfen lassen. Abspülen, in ein Tuch geben und gut ausdrücken. In einer Schüssel die Eier mit dem Zucker zu einer cremigen Masse aufschlagen. Die Zucchini und das mit dem Weinsteinpulver versiebte Mehl zugeben bis eine weiche, aber nicht flüssige Masse entsteht. Löffelweise in sehr heißem Öl allseits goldbraun frittieren. Auf Küchenpapier abtropfen lassen und noch heiß im bereitgestellten Zucker oder Staubzucker wälzen.

Zucchinikuchen mit Erdbeeren und Heidelbeeren

Für 6–8 Personen: 150 g Erdbeeren • 3 Eier • 150 g Zucker • 1 Pck. Vanillezucker • 130 g Zucchini • 1 Prise Salz • 100 ml Sonnenblumenöl oder Butter • 1 Pck. Backpulver • 320 g Mehl • 100 g Heidelbeeren • Staubzucker nach Bedarf

Erdbeeren waschen und den Stiel entfernen, mit einem Tuch trockentupfen und mit dem Stabmixer pürieren. Eier, Zucker und Vanillezucker schaumig schlagen, bis eine helle, dicke Creme entsteht. Die geraspelten Zucchini, Salz, Erdbeerpüree sowie Öl einrühren und das mit dem Backpulver versiebte Mehl unterheben.

Die Mischung in eine gebutterte Springform von 24 cm geben, glattstreichen und mit den Heidelbeeren locker bestreuen.

Im vorgeheizten Backofen bei 180 °C circa 40 Minuten backen. Den Kuchen abkühlen lassen, mit Staubzucker bestreuen und servieren.

Süßes Zucchinibrot

Für 6–8 Personen: 300 g Zucchini • 120 g Walnüsse • 80 g Haselnüsse • 35 g kandierter Ingwer • 1 unbehandelte Zitrone • 3 Eier • 150 g Rohrzucker • 125 g Butter • 1 Prise Salz • ½ TL Zimt • ½ Pck. Weinsteinbackpulver • ½ TL Bikarbonat • 250 g Dinkelmehl

Zucchini waschen, von den Enden befreien, reiben und circa eine halbe Stunde in einem Sieb abtropfen lassen. Walnüsse, Haselnüsse und kandierten Ingwer grob hacken, die abgeriebene Zitronenschale dazugeben und alles gut vermischen. Die Eier mit dem Zucker zu einer hellen, schaumigen Creme aufschlagen. Die zerlassene Butter, den Saft einer halben Zitrone, Salz und Zimt zu-

geben. Sodann das mit dem Backpulver und dem Bikarbonat versiebte Mehl und zuletzt die mit den Händen gut ausgedrückten Zucchini sowie drei Viertel der Nussmischung vorsichtig unterheben. Alles in eine gebutterte und bemehlte Kastenform von 30 x 11 cm und 7 cm Höhe füllen. Die verbliebene Nussmasse auf der Oberfläche verteilen. Das Brot im Ofen bei 180 °C etwa 40–45 Minuten backen. Auf einem Rost auskühlen lassen.

BIBLIOGRAPHIE

I. Erckenbrecht, Zucchini. *Ein Erste-Hilfe-Handbuch für die Ernteschwemme*, Darmstadt: 2017

M. Fougère, *La cuisine de la courgette*, Bats: 2009

H. Gasteiger, G. Wieser, H. Bachmann, *Zucchini + Kürbis*, Bozen: 2014

K. Hupp, *Everything Zucchini Recipes Cookbook: Zucchini Breads, Muffins, Main Dishes, Desserts, Jams & Marmalade*, Scotts Valley: 2013

M. Pallavicini, *Zucchine*, Mailand: 2013

Slowfood, *Zucchine. I grandi libri degli ingredienti, Vol. 21*, Mailand: 2010

DANKSAGUNG

Mein Dank gilt dem Verlagsleiter Michael Baiculescu, der Lektorin Margot Fischer sowie meiner Freundin Irmi Kanwar für ihre wertvolle linguistische Arbeit. Ich möchte mich auch bei Friederike Grünauer, Daniela Ingruber, Stefano Demichelis, Chanan Tannich, Agnes Wagenhofer, Giovanni Leghissa und Giorgio Masili bedanken, die mich auf vielfältige Weise während der Pandemiezeit unterstützt haben.

Die Verse von Antonio Porta wie auch dieses Buch widme ich Radu Ioan Dimitrie Tanasescu.

Oglinda pe care ai fixat-o pe piept
este semnalul unui pact profund
te uiți la mine în timp ce mă uit în tine
și i dacă mă uit în tine, mă văd pe mine însumi.

DIE AUTORIN

Tatiana Y. Silla wurde 1968 in Triest geboren, wo sie Philosophie studierte. Sie lebt zwischen Turin und Wien und beschäftigt sich mit der Geschichte der Gastronomie, insbesondere in ihrer Heimatregion Friaul-Julisch Venetien und Triest. Sie ist Übersetzerin und Herausgeberin (Bücher von Jacques Derrida, Placide Tempels und Wilhelm Speyer) sowie freie Forscherin im Centro Interdipartimentale di Ricerca sulla Comunicazione (CIRCE) an der Universität Turin. Bei Mandelbaum erschienen von ihr das *Triestiner Kulinarium*, *Basilikum*, *Feige* und *Salbei.*

REZEPTVERZEICHNIS

mandelbaums *kleine gourmandisen*

Jeweils 60 Seiten | Euro 12,– | Gebunden

ARTISCHOCKE
AVOCADO
BASILIKUM
BIRNE
ERBSE
ERDNUSS
FEIGE
FENCHEL
GRANATAPFEL
HOLUNDER
JOHANNISBEERE
KAKAO
MANDEL
MARONE ESSKASTANIE
MELANZANE AUBERGINE
MOHN
MORCHEL
ORANGE
PASTINAK
QUITTE
RHABARBER
ROTE RÜBE ROTE BETE
SAFRAN
SALBEI
SELLERIE
SPARGEL
STEINPILZ
VANILLE
WALNUSS
WEICHSEL SAUERKIRSCHE
ZIMT
ZITRONE
ZUCCHINI
ZWIEBEL